L_n^{27} 13380.

ÉLOGE
DE
MANUEL,

PRONONCÉ

Par Mᵉ Charles Fourtanier, avocat,

À la rentrée solennelle des Conférences,

Le 29 Janvier 1849.

TOULOUSE,
IMPRIMERIE VEUVE CORNE,
RUE DES MARCHANDS, 33.
—
1849.

ÉLOGE DE MANUEL.

Messieurs,

Pénétré de la mission qui m'a été confiée, j'ai longtemps hésité sur le choix que j'avais à faire. Au milieu des hommes illustres qui s'offraient à mes regards, je ne pouvais qu'éprouver une grande incertitude. Les divers barreaux du Midi offrent de grands sujets d'étude et d'admiration. La Gironde a renfermé dans son sein des hommes dont la mémoire est impérissable. Vergniaud, Guadet, Decazes, Ravez, Martignac, tous ont laissé de beaux souvenirs dans l'éloquence parlementaire et dans l'éloquence judiciaire. Les uns ont brillé dans les temps révolutionnaires et sont tombés victimes de leur dévouement à la cause du peuple. Les autres faisaient naguère l'ornement de nos assemblées.

La Provence a jeté peut-être plus d'éclat que la Gironde; elle a donné le jour à Mirabeau, le prince de l'éloquence française, à Portalis, à Pascalis, à Thiers et à Manuel. De tels noms, Messieurs, peuvent nous permettre de dire, sans crainte d'être accusés d'orgueil et de vanité, que *le midi* de la France, a toujours été le dépôt sacré de l'éloquence française. Et, cependant, c'est lui qui subit le joug et la volonté d'un centre que nous enrichissons depuis des siècles. Notre importance intellectuelle devrait nous placer au niveau de ce centre; on en décide autrement. L'unité nationale exige de nous la passivité la plus complète. Nous devons obéir, en apercevant même les erreurs commises, en fournissant les meilleurs moyens pour les combattre et pour défendre dans le sens rationnel les éléments civilisateurs.

Notre part, Messieurs, n'est pas la moins flatteuse.

Fier d'un tel partage, je me suis conformé à l'usage de mes confrères. C'est dans le trésor du Midi que j'ai puisé mon sujet. L'année dernière, l'éloge de Martignac vous fut présenté. Cette année, je vais vous entretenir de Manuel.

Un tel nom rappelle une belle époque de notre histoire contemporaine ; il fut mêlé aux grands événements politiques et aux discussions parlementaires ; du reste, Messieurs, il n'est plus possible aujourd'hui de parler d'un avocat célèbre sans mettre en relief les événements politiques du temps où il vivait. Depuis la Révolution française, le barreau est devenu le rendez-vous des orateurs les plus remarquables ; ils sont aptes à jeter de vives lumières sur toutes les questions par la flexibilité et la souplesse de leur esprit. C'est en vain que quelques écrivains pamphlétaires les accusent injustement de déclamation, d'être diffus, prolixes, de marcher terre à terre et de trop méditer les effets oratoires. La lucidité, l'intelligence des affaires, telles sont leurs précieuses qualités ; ils sont judicieux, ils ne se laissent pas égarer par l'imagination ni secouer par l'enthousiasme.

Notre ordre, Messieurs, est redoutable pour les esprits absolus, jaloux à l'excès du triomphe de leurs principes, et impuissants à les soutenir par la parole.

Le patriotisme est aussi ardent chez les avocats que chez les publicistes qui les attaquent. Leur ambition gouvernementale peut-être mise sur la même ligne. Quels sont les véritables défenseurs des libertés publiques ? les avocats. Les Desèze, les Malesherbes, les Dupin, les Berryer, sont des modèles d'indépendance et de dévouement à la cause publique. La vie de Manuel servira de développement à mes assertions.

Manuel assisterait avec douleur aux mouvements politiques actuels ; il n'accepterait pas les pensées qu'on lui prête. Le parti exalté aurait irrité son âme, il aurait repoussé ces tendances coupables qui n'ont d'autre mobile qu'un fatal égoïsme. Croire qu'il eût applaudi du sommet de la Montagne, les rêveries qui préoccupent aujourd'hui l'esprit public, c'est faire injure à sa belle intelligence. Un orateur qui faisait l'admiration de toutes les illustrations de son époque, aurait énergiquement flétri la direction des idées que l'on voudrait imprimer à notre pays, et qui auraient pour triste conséquence l'anéantissement de la société française. Manuel est un de ces esprits d'élite qui n'aurait jamais été esclave d'une utopie ; l'indépendance de son esprit l'aurait rangé sous la bannière de ces hommes qui n'écoutent que l'inspiration du cœur et de l'esprit. Un noble cœur n'erre jamais systématiquement ; il se trompe, mais à l'apparition de la lumière il s'arrête, si sa marche peut être fatale à son entourage. Que les révolutionnaires prennent exemple sur ces hommes, et ils ne se verront pas abandonnés par ces grands citoyens qui, poussés par une enthousiasme patriotique, ont un instant fraternisé avec eux, mais qui, le jour du danger, ont marché au secours de la société menacée. Manuel, à l'exemple de Lamartine, aurait déserté un drapeau souillé par le sang de la révolte. Sans doute, il combattait courageusement, mais il ne fut jamais Jacobin par la pensée ; la nature de son talent en est la preuve éclatante. Il avait de l'animation, du courage civique, une grande énergie ; il aurait voulu suivre une politique modérée comme la Gironde : le grand Vergniaud eût été son point de mire. Il aurait renié la politique stérile et méchante de la Montagne. C'est pour éviter le retour d'une secte insensée, que Manuel résistait aux empiétements d'une Assemblée qui agissait sous l'inspiration des tristes souvenirs de la Terrreur. Elle voulait se montrer prudente en établissant des digues contre l'envahissement des démagogues. Sa pensée juste au fonds, devait avoir pour conséquence le débordement des idées exaltées qui triomphent parfois après avoir longtemps combattu. On profita de sa résistance pour engloutir sous ses ruines les débris d'une monarchie héréditaire. Une nouvelle transformation monarchique fut improvisée.

Février en a fait justice.

Manuel faisait partie, par le talent et par la direction des idées, de cette phalange parlementaire qui s'est glorieusement soutenue depuis la conquête du gouvernement représentatif, qui a toujours désiré le triomphe des idées libérales et combattu les exagérations politiques. Dans tous les temps elle est venue porter un secours généreux à la société compromise par les malheurs révolutionnaires. C'est en vain que l'on voudrait détruire, Messieurs, cet irrésistible penchant de notre pays. Jamais la France ne reviendra sur ses pas, jamais elle ne verra dans l'avenir la réalisation des idées exagérées.

Manuel eut l'heureux privilège de voir briller la première heure de la liberté en France; il put recueillir dès ses premières années ces idées généreuses qui en firent plus tard un des plus grands et des plus courageux citoyens. Sincère défenseur des libertés publiques et des véritables institutions larges et démocratiques, Manuel était impitoyable contre les tendances rétrogrades du parti royaliste de la Restauration. Il ne voulait pas que notre glorieuse révolution fût sans fruit et sans résultat. Sentinelle avancée, il voyait les manœuvres fatales de son ennemi politique. Il se hâtait de l'avertir généreusement, en lui faisant pressentir que sa victoire pourrait n'être que d'un jour, s'il marchait à l'encontre des sentiments vraiment populaires. La sincérité et la loyauté de ses paroles devaient lui être bien fatales !

Il naquit à Barcelonnette (Basses-Alpes), en 1775, dans la patrie des Mirabeau, des Thiers, des Decazes, qui ont fait et feront la gloire de la France. Il était doué comme eux de cette ardeur méridionale, qui est le cachet de la supériorité intellectuelle.

Sa famille appartenait au tiers-état; son père était notaire. A peine ses études étaient-elles terminées, qu'il fut témoin des premiers symptômes de la Révolution; c'était en 89. Nimes devint le théâtre de la guerre civile. Les protestants et les catholiques, ennemis irréconciliables sur la religion, en vinrent aux mains. La lutte fut sanglante. Le jeune Manuel fut contraint de fuir, et ce ne fut qu'après le rétablissement du calme qu'il put rentrer auprès de sa famille. Peu de temps après son retour, il partit pour le Piémont dans l'intention de suivre la carrière commerciale. Une année s'était à peine écoulée dans la tranquillité, lorsque la guerre éclata entre la France et le roi du Piémont. Manuel revint dans sa patrie.

A l'époque de la grande crise révolutionnaire, en 1793, alors que la tête d'un roi venait de rouler sur l'échafaud, une levée en masse fut décrétée. Toute la jeunesse française, animée d'un même sentiment patriotique, courut à la frontière pour sauver l'honneur national et pour repousser la coalition européenne, qui voulait imposer un gouvernement à notre pays. Valmy et Jemmapes firent justice de ces prétentions.

Manuel entra comme volontaire dans un bataillon formé par la réquisition, et obtint bientôt le grade d'officier ; il eut l'honneur d'assister à cette belle campagne d'Italie qui étonna le monde civilisé, et marcha sous les ordres de ce héros qui jetait par l'éclat de ses triomphes les bases de sa puissance.

Manuel se distingua comme soldat; il combattit avec la même énergie et le même courage qu'il devait déployer plus tard en défendant les libertés publiques : il devint capitaine. Un bel avenir s'offrait devant lui dans la carrière militaire ; mais à son cœur défendant, il abandonna l'armée d'Italie après le glorieux traité de Campo-Formio. Une maladie grave avait altéré sa santé. Sa famille sollicita son retour; il céda à ses prières. Il ne put se résoudre à rester dans l'inaction. Le séjour de la capitale offrait une carrière à son ambition. On lui faisait espérer le privilége des fonctions publiques. Il préféra le barreau, plus compatible avec ses goûts d'indépendance. Il s'attacha tout d'abord au barreau de Digne, où il fit ses premières armes avec distinction. Bientôt après il se fixa à Aix, qui venait d'être dotée d'une cour d'appel. Ses débuts furent brillants. La première fois qu'il plaida devant la cour d'appel, le premier président, au nom de ses collègues, lui parla en ces termes : « La cour se félicite, Monsieur, d'avoir à sa barre un avocat qui s'y annonce par des talents aussi distingués. » Manuel alla grandissant, et répondit entièrement à la confiance qu'il avait inspirée. Pendant quinze ans il occupa avec éclat le premier rang au barreau d'Aix. Sa parole facile, énergique et souvent éloquente, faisait présager ses triomphes parlementaires. Sa discussion était animée, sa logique inflexible, et toujours d'une admirable clarté et d'une heureuse précision. Les discours que nous avons de lui, Messieurs, font regretter l'absence de toute espèce de documents pour ses travaux du barreau. Sa grande facilité d'improvisation n'exigeait pas qu'il prît la plume. Aussi devons-nous nous contenter de l'apprécier par analogie. Heureux ceux qui furent témoins de ses triomphes oratoires !

Pendant toute la durée de l'Empire, Manuel fut absorbé par les travaux du palais. Tant qu'un bras de fer pesa sur la France, il garda dans son âme de nobles sentiments patriotiques ; il pensait que la France secouerait tôt ou tard le joug qui l'accablait ; il ne comptait pas sur la durée du despotisme. Ses espérances ne tardèrent pas à se réaliser. Napoléon fut vaincu, et l'Empire chûta. Manuel espérait de meilleurs jours, mais il souffrait de l'humiliation de la France envahie par les nations ennemies qui venaient lui imposer un gouvernement ; il ne prit aucune part aux événements de la première Restauration. Le 10 mars 1815, après le retour de Napoléon, il se rendit à Paris. Avant son départ, il remplit ses devoirs d'électeur dans le collège d'Aix, convoqué pour la chambre des représentants, et refusa la députation qui lui était généreusement offerte. Il patrona la candidature d'un de ses amis. Malgré son refus, le département des Basses-Alpes l'honora d'une double élection. Cette marque de haute confiance l'engagea à accepter le mandat de représentant. Ses premiers pas sur la scène politique furent faits avec beaucoup de prudence et de modestie ; il se contenta d'observer attentivement. Bientôt initié aux usages parlementaires, il ne tarda pas à paraître à la tribune. Ses succès furent rapides et brillants. La chambre comprit qu'elle avait dans son sein un orateur remarquable.

La présence de Napoléon sur le sol français fut le signal d'une nouvelle coalition. La France fit d'immenses préparatifs de guerre. Une magnifique armée fut organisée en quelques jours, à l'étonnement de l'Europe, qui croyait nos forces et notre courage épuisés par vingt ans de luttes et par les pertes nombreuses que nous avions éprouvées.

La lutte allait être décisive. Napoléon avait à braver l'intervention étrangère, les éléments de la guerre civile provoquée par les partisans de la Restauration, et les tendances libérales des représentants qui voulaient l'accepter comme un libérateur et non comme un dictateur. Sa mission devait se borner, à leurs yeux, à relever le gant jeté par les puissances étrangères pour réparer la honte d'une défaite, et pour asseoir les principes de notre Révolution qu'il avait détruits au début de sa carrière.

Napoléon voulut donner des gages de sa sincérité politique; il promit une constitution libérale. L'illusion ne fut pas longue. L'Acte-Additionnel fut signé et approuvé. La France en fut affligée. Il eut beau dire à la séance du 7 juin qu'en commençant la liberté constitutionnelle, il accomplissait le vœu le plus profond de son cœur, les représentants firent justice de ses arrière-pensées en protestant énergiquement. Napoléon fut alarmé de leur fermeté. Son langage et sa conduite jetèrent de l'ombrage dans l'esprit de ceux qui voulaient le triomphe de la liberté. Les représentants avaient peu de confiance dans les déclarations d'un grand génie, incapable d'une concession, tant il avait conscience de sa supériorité et de son infaillibilité intellectuelle, dès qu'il aurait surtout reconquis la victoire.

L'Europe avait repris les armes. Napoléon partit le 12 juin pour aller la combattre; il allait livrer cette bataille qui devait être le dernier terme de son héroïque carrière. La fatalité et la trahison peut-être arrêtèrent sa marche triomphante.

Tandis que la France gémissait sur le malheureux sort d'une grande infortune, les ennemis politiques de Napoléon se réjouissaient; ils s'acheminaient vers la France à la suite d'une armée prétendue victorieuse, et nous eûmes à subir une seconde invasion.

La chambre des représentants assistait aux tristes résultats d'une défaite. Elle était incertaine sur l'issue d'un grand désastre. Plusieurs représentants pensaient que pour mettre un terme aux luttes internationales, une abdication était devenue nécessaire. Napoléon ne résista pas : l'abdication fut envoyée.

Napoléon II fut proclamé empereur par la chambre des représentants sur la proposition de l'un d'eux. Manuel s'élança à la tribune, et fit passer à l'ordre du jour ; son éloquence entraîna l'Assemblée.

Le chef de l'armée coalisée avait envoyé des manifestes dans toute la France pour tranquilliser les esprits. Le gouvernement provisoire, peu confiant dans les promesses des alliés, voulait faire un appel au peuple avant d'instituer un gouvernement définitif. Il n'en eut pas le temps. Louis XVIII vint de nouveau ceindre une couronne que l'ombre de Napoléon avait suffi pour ébranler.

Une adresse au peuple fut rédigée par Manuel ; elle donna lieu à de vives discussions. Certains représentants eurent la pensée qu'elle avait été faite pour favoriser les prétentions des Bourbons, puisque le nom de Napoléon était omis. Manuel donna des explications franches et loyales. La chambre, selon lui, s'était tenue dans une irréprochable légalité. L'abdication de l'empereur élu par le peuple attribuait la couronne au roi de Rome. Manuel fit encore consacrer par la chambre des représentants que, sur le refus de la part d'un nouveau monarque de reconnaître et de consacrer les règles du gouvernement provisoire, la représentation nationale ferait un appel à la génération présente pour revendiquer l'indépendance nationale et la liberté civile.

Il fut encore nommé rapporteur de la Constitution que la France voulait se donner, malgré les coalisés qui poussèrent le mépris des conventions écrites jusqu'à intimer l'ordre au gouvernement provisoire de cesser ses fonctions. Un message fut envoyé à l'Assemblée des représentants. La lecture du message indigna les mandataires du peuple. Manuel parut encore à la tribune pour protester contre les injonctions des alliés et pour proposer de continuer les travaux de la Constitution. Ces conseils énergiques excitèrent l'enthousiasme ; mais il fallut céder à la force matérielle. L'assemblée en se séparant fit un appel au peuple en ces termes : « Dans ces graves circonstances, la chambre des représentants se doit à elle-même, elle doit à la France, à l'Europe une déclaration de ses sentiments et de ses principes.

» Elle déclare qu'elle fait un appel solennel à la fidélité, au patriotisme de la garde nationale parisienne, chargée du dépôt de la représentation nationale. »

Les représentants se séparèrent, navrés de n'avoir pu faire respecter les droits sacrés du peuple.

Une ère nouvelle allait s'ouvrir pour notre patrie. Le gouvernement qui succédait à l'Empire s'annonçait sous de très bons auspices ; il promettait du repos et des libertés. On applaudit à ses bonnes intentions : les vieilles rancunes s'éteignirent ; l'ambition de la gloire avait été assouvie, et si l'Europe nous avait un instant vaincus, nous l'avions humiliée pendant quinze ans en détrônant ses rois.

Tous les représentants qui avaient combattu l'invasion étrangère et le retour des Bourbons durant les Cent-Jours, disparurent de sur la scène politique. Manuel se résigna et demanda son inscription sur le tableau des avocats de Paris. A son grand étonnement, des difficultés s'élevèrent : on exigea des renseignements, ils furent élogieux ; néanmoins, son admission fut indéfiniment ajournée. Les passions politiques peuvent seules expliquer une aussi grande injustice. Que pouvait-on blamer chez Manuel ? Son indépendance et son courage politiques ! Heureusement pour nous, de pareils actes ne se prodiguent pas. On ne blamera jamais ce qui fait la gloire de notre ordre. Manuel le possédait au suprême degré.... Après cette douloureuse épreuve pour sa dignité, il devint avocat consultant ; on lui fournit l'occasion de développer ses talents comme jurisconsulte.

Pendant trois ans, Manuel ne prit aucune part aux travaux

législatifs ; il assista comme simple spectateur au développement de cette politique déplorable qui devait avoir de si tristes résultats pour la légitimité et qui eut pour point de départ la mort du brave des braves.

Aux élections de 1817, Manuel eut les honneurs d'une belle candidature au sein de la capitale. Le parti libéral ne fut pas heureux ; Lafitte fut seul élu à Paris, le parti exalté éprouva aussi quelques échecs. Les ministres Decazes et Lainé, organes du parti modéré, sentaient la nécessité d'épurer une chambre qui allait jusqu'à exiger une loi qui ne tolérât la publication des journaux politiques qu'avec l'autorisation du Roi. Le ministère, dévoué à la majorité, devenait impopulaire. Aussi, en 1818, le renouvellement d'une partie de la chambre fut le thermomètre de la pensée publique. Malgré les entraves de la loi et du pouvoir, les vrais défenseurs des libertés publiques, Lafayette, Benjamin Constant et Manuel, furent élus. Ce dernier le fut doublement par les départements de Seine-et-Marne et de la Vendée. Il allait combattre le parti qui le redoutait tant !

M. de Richelieu fut effrayé des résultats obtenus par le parti libéral : il voulait se retirer, si on n'apportait pas des modifications à la loi électorale. L'opinion de M. Decazes prévalut, et le ministère fut changé partiellement. M. de Serres et le général Desolles arborèrent le drapeau de M. Decazes.

Les éléments du nouveau ministère étaient faits pour rassurer ses partisans. L'influence du parti exalté se fit bientôt ressentir. Le premier acte des nouveaux ministres fut impopulaire, et excita des mécontentements dans la chambre des députés. On voulait accorder une récompense nationale à M. de Richelieu : une vive discussion s'engagea. Manuel indiqua hautement les inconvénients qui pouvaient résulter d'une pareille mesure. « Eh quoi, s'écriait-il, est-ce que chaque citoyen ne se doit pas à son pays ! L'importance d'un service ne se calcule pas au poids. Et où en serait-on si chaque acte louable devait être payé, et où serait le patriotisme ? Le dévouement, les services d'honneur ne s'achètent pas. » Ce langage ferme ébranla plusieurs convictions. La majorité ne fut plus aussi compacte; M. de Richelieu fut mécontent, et le ministère éprouva un échec....

La présence de Manuel parmi les députés de l'opposition, était un obstacle pour les tendances du parti royaliste. Toutes les fois qu'un projet de loi portait atteinte aux libertés publiques, sa voix se faisait entendre. On lui en fournit bientôt l'occasion.... La loi sur les crimes et délits commis par la voie de la presse ou par tout autre moyen de publication, fut présentée. Manuel, toujours logique avec les principes émis dans la Charte constitutionnelle, attaquait vivement tout ce qui y était en opposition. Ainsi la disposition légale qui protégeait la royauté, lui semblait une superfétation. Le Roi, à ses yeux, était complétement à couvert de toute espèce de responsabilité, puisque tous les actes qui s'accomplissaient étaient sous celle de son ministère. C'était compromettre la dignité d'un Roi, que d'édicter une patronage illusoire.

Il fut question à cette époque du cautionnement des journaux ; des sommes considérables devaient être sacrifiées par ceux qui avait à cœur d'éclairer le peuple. On voulait rendre les éditeurs responsables et exiger le dépôt des feuilles publiques. Manuel comprit l'importance et la gravité d'une semblable législation. La liberté de la presse si longtemps promise, n'était plus qu'un vain mot, si la chambre sanctionnait de pareils projets. Les mesures financières sont des entraves pour la liberté de la presse, c'est restreindre en des mains privilégiées la seule puissance du peuple.

Manuel voyait avec douleur la direction des idées du parti exalté ; il avait conscience de sa faiblesse pour arrêter le torrent, et cependant il croyait de son devoir de protester énergiquement et loyalement. C'est en vain qu'on l'accusait de prêcher le désordre et l'anarchie : il fut toujours l'ennemi de la démagogie, il était un des véritables organes du parti libéral et constitutionnel ; il a sans cesse donné des gages d'une bonne moralité politique. Laffitte, son ami, disait :« Si Manuel avait vécu, que de fautes n'aurions-nous pas évitées! » Cette seule pensée suffirait pour rendre hommage aux nobles sentiments de Manuel. Il les exprimait lui-même en ces termes dans un de ses beaux discours sur l'état des finances : « Que peut et que doit faire un député que l'amour de son pays anime et qui veut remplir son devoir, si ce n'est de faire entendre l'austère vérité ? » Ces paroles auraient dû désarmer les esprits les plus ombrageux et les plus méfiants. Souvent son langage était acerbe, parce qu'on le harcelait par d'incessantes interruptions ; presque jamais on ne lui laissait terminer sa pensée toujours juste et réfléchie. Il indiquait les améliorations qu'il y avait à opérer : « Tout languit, souffre et s'altère dans notre organisation politique : elle manque à la fois du système municipal qui en est la base naturelle, de la garde nationale protectrice dans la paix, défensive dans la guerre, du jury sans lequel la liberté de la presse n'est qu'un vain simulacre, et de la responsabilité des agents du pouvoir, où se trouve la sauvegarde de tous les droits. » N'était-ce pas résumer tout ce qui aurait dû faire l'objet des préoccupations du pouvoir, qui aurait conservé plus longtemps les institutions monarchiques, s'il eût recueilli précieusement les pensées d'un homme loyal, énergique et inflexible dans ses attaques et dans ses résolutions, plutôt que de suivre les impulsions d'un parti systématiquement contre-révolutionnaire, implacable dans ses rancunes et dangereux pour le trône.

Les avertissements du parti libéral ne portaient aucun fruit parmi les exaltés : ils poursuivaient leur but avec une malheureuse persévérance ; ils voulaient détruire progressivement la Charte constitutionnelle, arme défensive des vrais patriotes, des hommes politiques qui avaient à cœur de propager et de fixer d'une manière stable les vrais principes proclamés par la Révolution française. C'est en vain qu'ils s'efforcaient de ramener dans la bonne voie, les organes d'une parti qui frémissait d'épouvante lorsqu'on parlait de la Révolution. La loi du 5 février 1816 leur paraissait trop empreinte de libéralisme ; M. Barthélemy proposa à la chambre des pairs de supplier le Roi de présenter un projet de loi qui modifierait l'organisation des colléges électoraux. Le ministre s'opposa avec fermeté à l'émission d'un pareil vœu. Les exaltés triomphèrent à la chambre des pairs. La chambre des députés fit justice de cette malencontreuse proposition. La France applaudit à un pareil vote.

Le gouvernement feignit un instant d'arborer le drapeau du libéralisme : la censure fut abolie ; on organisa d'une manière plus satisfaisante la garde nationale. Ces actes d'indépendance donnaient quelques espérances. L'illusion ne fut pas de longue durée, on éprouva de cruelles déceptions ; les faits qui suivirent en donnent la preuve éclatante.

Il existait à Paris une société des amis de la presse, sentinelle vigilante préposée à la garde et à la conservation des institutions démocratiques, société composée de l'élite du parti libéral, en députés, magistats et homme de lettres. Manuel en était membre. Sa dissolution fut prononcée sans un motif sérieux, alors que l'on tolérait les réunions des fanatiques instruments du parti exalté, dont les discours imprudents troublaient la tranquilité publique.

Les exaltés avaient la haute main dans les assemblées parlementaires ; ils manifestaient leur volonté au grand jour, à la face de la nation ; ils se croyaient puissants, et marchaient en aveugles. La France attendait ! L'urne électorale protestait seulement sur quelques points du territoire. Trois coteries étaient en présence : les libéraux, les ministériels et les exaltés. Au renouvellement d'une partie de la chambre, le conventionnel Grégoire, qualifié de régicide, sortit triomphant de la lutte électorale. Cette nomination produisit une vive émotion ; des plaintes retentirent ; la monarchie était en péril et la France en danger aux yeux des exaltés. L'alarme fut répandue ; les hommes faibles de caractère et de conviction, crurent à la sincérité des bruits que l'on propageait. Le ministère perdit la confiance des chambres ; c'était le but que l'on s'était proposé.

A l'ouverture de la session, le discours de la couronne fit présager les intentions du ministère récemment modifié. On feignait d'insinuer que la nation redoutait la violence des factions ; on annonçait des changements à la loi électorale. Le ministère suivait fatalement les impulsions des exaltés qui marchaient hardiment vers la loi de l'indemnité et vers le rétablissement de la censure.

La vérification des pouvoirs ne se fit pas attendre. La question de dignité ou d'indignité fut soulevée à l'occasion du député Grégoire. Certains amis voulaient exiger sa démission, il fut inébranlable, il voulait la publicité; il ne reçut pas d'invitation pour la séance royale. On éleva contre lui d'abord que la moitié de la députation de l'Isère n'avait pas de domicile politique dans ce département. Cette idée fut délaissée, les exaltés désiraient faire voter l'indignité, M. de Marcellus s'écria : Point de régicide ! M. Lainé ouvrit la discussion ; Benjamin Constant soutint la validité de l'élection. Manuel fit entendre de nobles et courageuses paroles : « On a parlé de scandale, dit-il ; et quel scandale plus grand que celui de fouler aux pieds la Charte et la liberté des élections dans le sanctuaire des lois ! que de voir jaillir des alarmes du sein même de cette assemblée qui devrait être pour tous un gage de sécurité ! Il faut, dites-vous, que M. Grégoire se retire devant la dynastie royale, ou que la dynastie recule devant lui : non, Messieurs, nous n'en sommes pas à une pareille extrémité, c'est donner beaucoup trop d'importance à un simple individu, c'est faire injure à un Roi qui a juré solennellement l'oubli du passé, c'est vous faire injure à vous-mêmes. »

N'était-ce pas, Messieurs, la saine raison qui dominait dans ce langage? Manuel fit preuve d'énergie et d'indépendance : il ne défendait pas le conventionel régicide, il défendait la Charte, il combattait l'injustice, il voulait faire respecter la volonté du peuple. On l'accusait d'être un factieux, il répondait : « Les Jacobins envoyèrent à la mort les Girondins ; plus tard, ils payèrent de leur tête leur politique insensée : ils avaient sacrifié les vrais principes de la raison à leurs coupables passions. »

C'était un exemple frappant de vérité qui devait désarmer la colère des exaltés ! Le parti qui frémissait d'épouvante aux souvenirs de la Convention, tombait dans les plus grands abus de cette époque. Il faillait un bien grand fanatisme politique pour expliquer une telle conduite ; ils usaient de représailles, mais ils creusaient un abîme.

La voix de Manuel fut impuissante ; il avait rempli son devoir de mandataire du peuple et de citoyen ; la chambre crut remplir le sien en prononçant l'exclusion de Grégoire. Celui qui avait pris si chaudement les intérêts de Grégoire devait tomber plus tard victime sous les coups d'une même injustice. Il fallut s'incliner devant l'omnipotence parlementaire que l'on voulut élever au-dessus du droit d'élection.

Les exaltés n'étaient pas satisfaits de protester contre les idées libérales par leurs votes ; ils agissaient souvent au grand jour par des manifestations publiques. Ils ne dédaignaient pas non plus les entretiens et les relations secrètes, et cela sous la direction d'un haut personnage constamment en froideur avec Louis XVIII, dont les idées franchement constitutionnelles portaient ombrage aux exaltés. L'élection de Grégoire avait servi d'épouvantail au-dehors ; on essayait des mêmes armes auprès du roi. « Vous voyez où l'on vous mène », lui disait un des siens. Toutes ces trames méditées dans l'ombre avaient de l'écho dans le monde politique. Les amis du progrès avec l'ordre s'apercevaient de la pente glissante tracée vers la contre-révolution politique. Manuel, toujours en éveil, luttait sans cesse contre les ennemis fanatiques de la Révolution qui en rappelaient les tristes souvenirs, et en oubliaient à dessein les grandes et belles conquêtes. Manuel fit une adresse au roi, où il signalait les complots royalistes et les dangers dont le trône était menacé. On le qualifiait de factieux. « Les véritables factieux, répondait Manuel, sont ceux qui veulent s'interposer entre le monarque et le peuple. Ce n'est pas être factieux que de dénoncer au roi les complots de quelques intrigants. On doit nous rendre cette justice que c'est constamment à la tribune qu'éclatent nos conspirations. »

Les allures franches de Manuel irritèrent au dernier degré les royalistes ; il s'était voué à la défense des intérêts nationaux, et il avait pour complice le peuple, la justice, et la raison pour appui. Chez lui tout était désintéressement ; ses adversaires, au contraire, avaient pour but l'anéantissement de la démocratie et pour guide l'intérêt personnel.

Il fallait, Messieurs, un bien grand aveuglement pour croire qu'une nation intelligente sacrifierait les résultats de trente années de luttes et de combats pour la liberté. Les peuples avancent toujours et ne reculent jamais dans leur mission intellectuelle; il n'y a que deux barrières qui les arrêtent quelquefois : la démagogie et le despotisme.

Le 13 février 1820, un grand malheur vint affliger la France et compliquer les événements politiques. Le duc de Berry fut frappé mortellement par Louvel à la sortie de l'Opéra. Ce grand crime rappela la mort d'Henri IV.

On voulut donner à un fait isolé, à un misérable assassinat l'importance d'une action politique. On vit partout des complots. Louvel mit fin à tous les commentaires. Depuis six ans il méditait son crime, et il avait voulu, disait-il, délivrer son pays des Bourbons qui en étaient les plus cruels ennemis.

Le roi comprit la tactique des exaltés; il sentait qu'on voulait l'atteindre en frappant son ministère. Les paroles qu'il adressait à M. Decazes, son intime confident, l'attestent. « Les ultra-royalistes me préparent une guerre terrible; ils vont exploiter ma douleur. Ce n'est pas à vous qu'ils en veulent, c'est à moi. » Ces paroles seules jugent la politique des exaltés; ils conspiraient contre leur souverain.

L'événement du 13 février produisit une vive agitation dans Paris. Les abords du Palais-Législatif étaient encombrés par la foule. On s'attendait à une communication officielle du gouvernement. Il n'y en eut pas. On vota une adresse à la chambre des pairs, où les insinuations les plus malveillantes furent traduites. Le crime qui avait mis la France en deuil était le fruit des doctrines perverses qui empoisonnaient les esprits au point de faire consacrer l'impiété, la trahison, l'assassinat, le parricide !... paroles imprudentes et injustes, qui jetaient un blâme sévère sur toute une nation pure de toute pensée criminelle, toujours généreuse et sympathique devant les grandes infortunes.

A la chambre des députés, un grand scandale vint affliger tous les cœurs honnêtes. On vit paraître à la tribune un orateur fanatique jusqu'à dire : «Je propose à la chambre de porter un acte d'accusation contre M. Decazes, ministre de l'intérieur, comme complice de l'assassinat du duc de Berry. » L'indignation éclata dans la chambre. Le procès-verbal en fit mention.

M. de Labourdonnaye demanda le rétablissement de la censure, pour servir contre des écrivains téméraires, enhardis, disait-il, par l'impunité, et qui excitaient aux crimes les plus odieux. La situation était exploitée par les exaltés ; ils affectaient de la douleur et des craintes pour la tranquillité publique, tandis qu'ils ne cherchaient qu'à effrayer le roi et à museler le peuple.

Le parti libéral gémissait et remplissait sa mission avec le même dévoûment ; il combattait les tendances anti-libérales, et patronait la dernière victime des royalistes exaltés, M. Decazes.

Pendant le développement d'une proposition qui avait pour objet la mise en accusation de M. Decazes, ce dernier demandait à la tribune le rétablissement de la censure et la suspension de la liberté individuelle. Cet acte de faiblesse fut le tombeau de sa popularité et de sa puissance. Le mépris devint l'arme de ses ennemis politiques.

Les successeurs de M. Decazes profitèrent de l'initiative qu'il avait prise et qu'ils avaient habilement provoquée. Les lois sur la censure et sur la liberté individuelle ne tardèrent pas à être discutées. Benjamin Constant, le général Foy, Manuel, flétrirent ces fatales propensions du gouvernement vers le despotisme monarchique.

La censure était nécessaire au maintien de l'ordre, aux dires de la majorité parlementaire; elle ne commettait jamais d'abus: pas un ne pouvait être cité. A ces téméraires affirmations, Manuel répondait : « Vous demandez des exemples des abus de la censure, il en est mille que je pourrais citer. On a refusé d'insérer des discours de vos collègues, des réclamations après des attaques..... A quoi tendez-vous donc avec vos répressions intempestives? A éteindre le volcan? Mais vous ne savez pas que la flamme bouillonne à vos pieds, et que si vous ne lui donnez pas une issue vaste, suffisante, elle éclatera en vous emportant. » Belle image, Messieurs, prophétie que 1830 a vu réaliser !

Ces lois d'exception furent votées et adoptées par les chambres. Les exaltés étaient victorieux, rayonnants et fiers de leur majorité. Les libéraux n'étaient pas nombreux au sein de la chambre des députés, mais ils étaient puissants par leur popularité. Aussi un des plus brillants organes de ce parti disait dans une circonstance : Nous ne sommes que quatre, mais derrière nous se trouvent trente-trois millions de citoyens.

Un homme d'esprit et qui n'était nullement hostile aux Bourbons, M. Royer-Collard, disait en exprimant sa pensée sur les lois d'exception : « C'est un emprunt usuraire que le pouvoir fait, et qui le ruinera à la fin. » L'usure alla grandissant, Messieurs, et la prédiction du célèbre philosophe se réalisa bientôt.

L'exécution immédiate des lois d'exception bâillonna la presse. Certaines publications périodiques cessèrent de paraître. On eut recours à des brochures; l'agitation était grande dans le pays. Une association constitutionnelle s'était formée pour prêter appui aux victimes de l'arbitraire ; elle fut poursuivie devant les tribunaux. MM. Mérilhou, Odilon Barrot, qui commençaient leur carrière politique, furent poursuivis concurremment avec les journaux. Les éditeurs furent seuls condamnés. Les cours de MM. Guizot et Cousin furent suspendus, parce qu'ils exerçaient une grande influence sur la jeunesse des écoles : triste moyen de calmer l'effervescence populaire. L'expérience le prouve tous les jours, et cependant naguère, Messieurs, nous avons vu des hommes qui avaient été victimes d'une telle injustice, user des mêmes armes sous le vain prétexte de l'ordre public. Eux aussi ont donné la preuve que ce n'est pas à l'aide des mesquineries gouvernementales que l'on dirige un grand peuple. Leur obstination les a conduits dans un abîme infranchissable; ne suivons pas leur trace, car l'abîme est toujours ouvert.

Les royalistes avaient créé un gouvernement occulte qui avait des ramifications aux Tuileries; ils avaient créé des affiliations et des correspondances dans tous les départements. Un conseiller de Nîmes, M. Madier de Montjau, dénonça dans une pétition des faits d'une haute gravité. Des circulaires adressées aux affiliés renfermaient ces paroles : Agissez comme si le favori, M. Decazes, était déjà renversé ; les avis, les ordres et l'argent ne vous manqueront pas. Après la chûte du favori, ils recommandaient la réserve.

Manuel profita aussi de l'initiative prise par M. Madier de Montjau pour venir confirmer l'existence d'un gouvernement occulte par des faits certains. Le général Baker avait été exilé du département du Puy-de-Dôme. Un contre-ordre d'exil était montré au préfet, il répondait : « *J'ai des ordres supérieurs des princes.* » On niait ces faits ; ils étaient incontestables, et un bon citoyen devait indiquer les actes qui pouvaient déconsidérer le pouvoir et jeter le pays dans l'anarchie.

Au milieu des complications politiques, un projet de loi sur les élections fut présenté. La discussion était attendue avec la plus vive anxiété. Des attroupements se formèrent. Dès cris de vive la Charte! se firent entendre. On voulait autant de députés que d'arrondissements, trente ans d'âge, et 300 fr. d'impôts pour le droit d'élire ; d'autres voulaient deux sortes de collèges : c'était le vœu des royalistes.

Le parti libéral frémissait en voyant de semblables prétentions. Manuel et Lafayette firent un appel au patriotisme des écoles pour comprimer les idées royalistes. M. de Chauvelin arrivait à la chambre dans une litière pour adopter l'amendement de Camille Jordan. Aux cris de vive la Charte! les ultra-royalistes répondaient : vive le Roi! Des rixes eurent lieu. Les gardes-du-corps armés de cannes se mêlèrent dans la foule. On vota la création du double vote. L'agitation augmenta. Lallemant, jeune étudiant, fut frappé mortellement. Des députés se plaignirent d'avoir été insultés. Manuel, encore malade, se traînait à la tribune pour demander une enquête et pour dénoncer le ministère comme responsable des malheurs qui affligeaient le pays. Louvel expiait alors sur l'échafaud le crime atroce qu'il avait commis.

Le trop célèbre amendement, qui avait pour but l'élection au chef-lieu de département par les plus imposés et l'élection au chef-lieu d'arrondissement, vint augmenter l'irritation des esprits. N'était-ce pas jeter un brandon de discorde que de concentrer ainsi l'élection dans des mains privilégiées par la fortune, et surtout en déployant des forces militaires qui bravaient la foule. On blessait ainsi la juste susceptibilité d'une nation qui avait accepté le retour de la famille royale, persuadée que les leçons du passé et les privations de l'exil lui auraient appris à respecter les libertés publiques.

Tous les députés libéraux étaient *haïs* par la majorité, Manuel surtout, parce qu'il s'était imposé la tâche honorable de défendre la Révolution contre les attaques dont elle était sans cesse l'objet. Ses amis politiques faiblissaient quelquefois. Lui seul était constamment sur la brèche ; il entendait dire que pendant la tempête révolutionnaire, l'honneur national s'était réfugié dans l'armée ; il n'acceptait pas un pareil éloge blessant pour le reste de la nation. « Je me hâte de déclarer, répondit-il, que je n'accepte pas cet hommage rendu à l'armée aux dépens de la nation. L'honneur français était partout ! nous n'oublierons pas que si de glorieux combats ont assuré l'indépendance de la patrie, c'est au patriotisme, aux vertus et à l'énergie de nos pères qu'elle doit d'inappréciables réformes et tous les gages de sa prospérité. » C'est ainsi qu'il faisait justice des attaques des exaltés, et qu'il appréciait avec sa haute raison les résultats de la Révolution française, trop souvent critiquée dans ce qu'elle a de glorieux, de grand et d'utile pour la société. Sans doute, il est des actes et des époques qui seront perpétuellement flétris par toutes les générations ; mais la partie saine d'une nation suit providentiellement sa route en rejetant bien loin l'écume sociale. La pensée directrice de l'humanité ne tarira jamais ; elle triomphera toujours des fléaux intellectuels : elle les a vaincu, elle les vaincra toujours, quels que soient leur ténacité, leur déguisement et leur habileté.

Les événements qui avaient agité notre patrie eurent du retentissement en Europe. Le carbonarisme commençait à paraître. Pendant que des conspirations napoléoniennes remuaient notre patrie, le roi d'Espagne tombait victime des fautes de son gouvernement. On le forçait à adopter la Constitution des cortès.

À Naples, une révolution complète mit la couronne en péril; les troupes commandées par le général Pepe arborèrent le drapeau des constitutionnels. En Sicile, il fallut aussi comprimer la révolte. Le Portugal se ressentit de la révolution espagnole, et le parti progressiste prit les rênes de l'Etat.

Ces changements rapides comme l'éclair préoccupèrent sérieusement les puissances européennes; elles voulurent se concerter pour comprimer l'élan révolutionnaire qui pouvait avoir les conséquences les plus funestes pour les têtes couronnées. Des négociations furent entamées.

Un congrès eut lieu à Troppeau. Toutes les puissances y étaient représentées : le czar y était en personne; M. de Metternich était l'âme du congrès, et cherchait à dominer l'esprit du czar en exagérant les conséquences des révolutions dans l'armée; il lui apprit que la révolte avait gagné sa garde. L'effet fut décisif. Le droit d'intervention fut consacré par un protocole. La force matérielle annihila la liberté en Europe.

En France, la lutte devenait vive et dangereuse. Les haines naquirent; l'armée perdait l'esprit de discipline; le pouvoir changea l'organisation militaire; des élections eurent lieu, la majorité devint trop compacte. M. de Richelieu avait suivi les conseils du comte d'Artois : il avait *monarchisé*.

M. de Châteaubriand fut nommé ambassadeur à Berlin; M. de Villèle entra au conseil du roi. Les exaltés étaient à l'apogée de leur triomphe; ils devenaient de plus en plus exigeants; ils avaient demandé une loi municipale, ils la repoussèrent parce qu'elle ne leur donnait pas assez d'influence locale; ils paralysaient la volonté du roi sur ses vieux jours; ils faisaient éclater une machine infernale aux Tuileries. Le roi disait à Madame qui accourait effrayée par l'explosion : «Tranquillisez-vous, ma nièce, ce n'est rien ; sachez seulement que ce n'est pas moi qui ai mis le feu au pétard.» Ces paroles manifestaient que Louis XVIII ne se méprenait pas sur les manœuvres des exaltés qui cherchaient à le réduire par l'intimidation, et à le contraindre ainsi à leur accorder par la crainte ce qu'il n'aurait jamais voulu par conviction. S'il eût eu la pensée que le peuple en voulait à ses jours, il n'aurait pas accueilli avec le calme du dédain une démonstration bruyante faite dans le palais même des Tuileries. Ces actes inconsidérés méritent une mention dans l'histoire pour démontrer un fait aujourd'hui incontestable pour des esprits impartiaux : c'est que le premier souverain de la Restauration était fidèle aux promesses et au serment de 1815.

Un second congrès, qui eut lieu à Laybach, vint de nouveau consacrer le droit d'intervention. Une armée de 80,000 hommes devait occuper le territoire napolitain pendant trois ans, et l'Autriche fournissait les troupes comme la plus intéressée au maintien de l'ordre.

Pendant le congrès de Laybach, Napoléon expirait à Sainte-Hélène. La nouvelle de cette mort produisit en France une vive sensation. Le deuil fut dans tous les cœurs. Rapp, au service du roi, versa des larmes ; il s'excusait auprès de son maître en ces termes : « Il est vrai que j'ai ressenti une vive émotion en apprenant la mort d'un homme à qui je dois tout, jusqu'au bonheur de servir Votre Majesté. »

Plus les sympathies nationales se reportaient au dehors, plus la faction royaliste devenait tyrannique et impopulaire ; elle conspirait sous le manteau de la religion ; elle votait une adresse blessante pour le roi qui refusait de recevoir la députation de la chambre. — Le ministère Richelieu subit un échec parlementaire en demandant l'augmentation de pénalité en matière de presse et le rétablissement de la censure. M. de Villèle arriva au ministère ; les vœux des exaltés étaient comblés ; la couronne était en méfiance ; les premiers actes du ministère donnèrent la clef de sa politique ; il voulait la suppression du jury en matière de délit de presse et le rétablissement de la censure par ordonnance royale.

Les libéraux comprirent la gravité de la situation ; ils voyaient que tous leurs efforts avaient été impuissants pour sauver les institutions libérales, et que tel était le malheur de la France, que la cause du pouvoir était devenue hostile à la cause publique.

Manuel ne pouvait contenir son indignation ; il combattait les lois présentées par une dynatie qui avait été acceptée, disait-il, *avec répugnance*, paroles hardies qui augmentaient la haine qu'on lui avait déjà jurée ; mais elles étaient l'expression d'une pensée dominante dans l'esprit de Manuel, c'est que la *dynastie restaurée* s'était montrée ingrate et injuste envers sa patrie.

Le carbonarisme envahissait la France. La haute vente correspondait avec les ventes centrales ; elle se souvenait de l'échauffourée de 1820. Cette fois elle voulait agir plus efficacement ; elle crut le moment favorable. Le signal fut donné. M. de Lafayette se dirigea sur Bedfort ; le général Berton arbora le drapeau tricolore à Thouars.

On répandait le bruit que Benjamin Constant, d'Argenson et Lafayette composaient un gouvernement provisoire. — Le lieutenant-colonel Caron faisait aussi une tentative. — Toutes ces révoltes partielles échouèrent ; la justice fut nantie ; des condamnations intervinrent ; à La Rochelle, de jeunes sous-officiers furent condamnés à mort. Le général Berton et Caron furent aussi fusillés. La rigueur du pouvoir affligea la France ; le sang fut répandu ; l'amnistie eût été plus généreuse et plus efficace pour les intérêts du pouvoir.

Chose remarquable, Messieurs, jamais le nom de Manuel n'a retenti dans ces circonstances. Il avait raison de le dire : nos conspirations éclatent à la tribune, à la face de la France. Sa noble énergie lui créait des ennemis mortels qui ne purent jamais justifier le mot de *factieux*. Trop heureux sont les partis qui ont de pareils adversaires ! leur voix est quelquefois importune. Si on suivait leurs salutaires avis, les révolutions ne se multiplieraient pas autant.

Les différents corps politiques européens se trouvaient dans une grande perplexité ; un congrès était nécessaire ; la puissance du roi d'Espagne était neutralisée ; le parti triomphant le tenait en charte-privée. L'Autriche était fatiguée de l'occupation du royaume de Naples.

Les royalistes exaltés étaient alarmés sur le sort de Ferdinand ; ils en redoutaient le contre-coup en France.

Un congrès diplomatique parut encore indispensable ; Vérone

fut le lieu de la réunion. M. de Montmorency et M. de Châteaubriand représentaient la France; M. de Villèle comptait peu sur la prudence de M. de Montmorency, qui voulait à tout prix l'intervention en Espagne; M. de Villèle avait une pensée contraire; il partageait complétement les idées de Canning, ministre d'Angleterre, créateur d'une politique d'indépendance, ennemi de la sainte alliance; lord Wellington était le défenseur de ses idées dans le sein du congrès.

M. de Montmorency courut à Vienne avant que l'on commençât les conférences diplomatiques; il désirait connaître préalablement la pensée de Metternich et du czar sur le droit d'intervention.

On se rendit bientôt à Vérone; jamais on n'avait assisté à une aussi brillante réunion diplomatique. Les empereurs de Russie, d'Autriche, les rois de Naples, de Sardaigne, l'impératrice de Russie et l'archiduchesse Marie étaient présents.

Le grand système de la sainte alliance était de combattre les idées révolutionnaires partout où elles se présenteraient. Le gouvernement autrichien se méfiait du cabinet français; il pensait qu'il avait une tendance au prosélytisme constitutionnel. Les discours ministériels et certains articles des journaux officiels avaient semé la défiance. Aussi un des agents diplomatiques disait que la présence des agents français ressemblait plutôt à une armée d'observation qu'à une légation d'amitié ou de confiance.

Les résolutions prises au congrès furent bientôt mises à exécution. On voulut d'abord envoyer une armée austro-russe. Les frais de la guerre arrêtèrent ce projet d'expédition. On attendit la réponse des cortès sur le résultat des conférences de Vérone; elle fut fière et hautaine. On adressa une remontrance aux cortès au nom des puissances alliées. L'Angleterre s'abstint; les ambassadeurs devaient être rappelés, si l'ultimatum était rejeté.

M. de Villèle, mécontent de M. de Montmorency, songea à le remplacer par M. de Châteaubriand; il en entretint le roi. M. de Montmorency, de retour à Paris, communiqua à son souverain l'idée dominante qui avait dirigé le congrès de Vérone. On avait déclaré aux cortès qu'il fallait que le roi fût libre, et qu'il serait libre dès que les institutions seraient en harmonie avec les vœux légitimes de toutes les classes de la nation. La réponse du roi fut celle-ci : « Nous ne pouvons décider sur ce point qu'après une délibération sérieuse. »

M. de Villèle redoutait une baisse sur les fonds publics, l'accroissement de la dette publique et le mécontentement de l'Angleterre, si les hostilités commençaient. C'est imbu de ses idées qu'il donnait ses instructions à l'ambassadeur ; il demandait quelques modifications dans la Constitution pour calmer les puissances européennes ; il rédigea une note qui fut lue en conseil des ministres et approuvée par le roi. M. de Montmorency fut obligé de retirer la sienne, et il donna sa démission de ministre ; M. de Châteaubriand lui succéda.

Malgré la retraite de M. de Montmorency, ses idées dominaient dans la haute aristocratie. Le faubourg Saint-Germain était à la guerre. Les concessions de M. de Villèle ne produisaient pas d'effet ; il avait beau destituer des préfets pour faire place à d'autres, on exigeait l'intervention.

M. de Lagarde, ambassadeur en Espagne, ne réussissait pas à calmer l'irritation des cortès. Malgré les ordres secrets de M. de Villèle, San Miguel disait hautement que la révolution espagnole n'était pas une insurrection, mais bien le vœu de l'opinion publique ; il se plaignait amèrement de l'armée d'observation sur les Pyrénées, et il disait que les premiers secours du gouvernement français devraient consister dans la dissolution de cette armée. Ses notes adressées aux divers ambassadeurs étaient pleines de fierté ; il leur envoyait les *passeports au nom de Sa Majesté*.

Les alliés étaient mécontents de la retraite de M. de Montmorency, et ils manifestaient de l'impatience. M. de Villèle fut contraint de céder.

M. de Châteaubriand adressa une note à M. de Lagarde, dans laquelle il renouvelait les griefs du gouvernement français ; il se plaignait de l'asile qu'on avait donné à des hommes que la France avait repoussés de son sein, et qui étaient sous le coup de condamnations judiciaires ; que sa présence étant devenue inutile, comme moyen de conciliation, le roi lui ordonnait de se retirer.

Les prédictions de M. de Villèle se réalisèrent; les fonds furent en baisse; l'opinion publique était opposée à une guerre injuste et sans motif sérieux; la presse faisait ressortir les effets désastreux de l'intervention; le commerce était en souffrance; le parti des ultra-royalistes était seul radieux; il croyait frapper l'esprit révolutionnaire; c'était là son seul but. Les moyens à employer lui importaient peu; un prétexte se présentait, pourquoi ne pas en profiter?.....

Le jour des explications était arrivé. Une grande lutte parlementaire allait commencer. M. de Villèle conservait l'espoir d'une conciliation; il avait recommandé à son ambassadeur d'avancer lentement vers la France. A l'ouverture de la session qui précéda la guerre d'Espagne, on mettait dans la bouche du Roi ces paroles indicatives d'une prochaine intervention : « J'ai tout tenté pour garantir la sécurité de mes peuples et préserver l'Espagne elle-même des derniers malheurs. L'aveuglement avec lequel ont été repoussées les représentations faites à Madrid, laisse peu d'espoir de conserver la paix. »

Les hommes modérés n'avaient pas perdu tout espoir; ils cherchaient à contenir l'élan belliqueux qui s'était emparé des royalistes; ils voulaient faire un appel à la prudence du Roi, qui ne laisserait passer aucune occasion de conclure une paix honorable.

A la chambre des députés, il y avait une double opposition à combattre pour le ministère : l'opposition libérale et la contre-opposition des ultra-royalistes partisans d'une guerre forte et immédiate; ils auraient voulu qu'une armée de 100,000 hommes fût transportée à Madrid par enchantement. Ils poussaient l'exaltation au dernier degré: dans leur adresse au Roi, ils disaient : « Sire, aucuns sacrifices ne coûteront à vos sujets pour défendre la dignité de votre couronne, l'honneur et la sûreté de la France. C'est à nous de concourir de tous nos efforts à la généreuse entreprise, d'étouffer l'anarchie pour ne conquérir que la paix, de rendre la liberté à un Roi de votre sang. »

Étrange et singulier langage, Messieurs! On aurait dit qu'il fallait marcher au secours d'une nation livrée au pillage et à la guerre civile, alors qu'il s'agissait d'un Roi, à qui on avait tracé une ligne constitutionnelle, d'où les Cortès ne voulaient pas le voir s'écarter; intervenir pour modifier la Constitution d'une nation inoffensive, c'était réaliser le despotisme le plus outré. Pourquoi ne pas respecter un peuple qui s'agite, dans son sein, sans idées agressives? De nos jours, un grand fait politique se produit. On écrira désormais dans nos codes : respect aux nationalités ! protection si on les attaque ! Plus de propagande révolutionnaire ! La liberté n'a plus besoin des armes, elle se fait jour elle-même.....

Les exaltés étaient impitoyables contre le ministère; ils l'accusaient d'hésitation, de faiblesse; ils reprochaient à M. de Villèle d'avoir contrarié les vues du congrès de Vérone; les libéraux répondaient à cela : Vous voulez l'intervention pour aller conquérir le pouvoir absolu et le rapporter en France; et qui vous oblige à cette guerre? C'est la contre-révolution.

Le langage du gouvernement espagnol était plein de hauteur; et, cependant, il ne prenait aucune mesure pour repousser l'invasion française. La France, au contraire, faisait de grands préparatifs; le duc d'Angoulême composait son personnel : il appelait à lui toutes les gloires de l'Empire, Moncey, Oudinot, Guilleminot; ce dernier devint son chef d'état-major.

Comme conséquence des grandes mesures que l'on prenait, un vote de subside devenait indispensable; un crédit de *cent millions* fut demandé par le ministère. M. de Villèle, dans l'exposé des motifs, revint sur les fâcheux résultats de cette guerre. M. de Martignac, rapporteur du projet de loi, fit ressortir que la guerre était nécessaire, malgré qu'elle fût un malheur à déplorer.

L'intervention de M. de Châteaubriand dans les débats, était attendue avec une vive impatience; il ne tarda pas à se faire entendre. Il exposa éloquemment le droit qu'avait la France d'intervenir en Espagne; la paix de la France, selon l'orateur, devait dépendre de la tranquillité du souverain d'Espagne. Ce point une fois bien reconnu, nous avions le droit d'examiner et de contrôler les institutions qui régissaient l'Espagne, pour qu'elles fussent un gage de sécurité : « Pensez-vous, disait M. de Châteaubriand, qu'en avançant le moment de l'intervention, on rend la position de ce monarque plus périlleuse? mais l'Angleterre sauva-t-elle Louis XVI en différant de se déclarer? L'intervention qui prévient le mal, n'est-elle pas plus utile que celle qui le venge? C'est déjà trop dans le monde que du procès de Charles 1er, et de celui de Louis XVI. »

Manuel s'élança à la tribune pour répondre au discours de M. de Châteaubriand. Sa parole fut incisive ; il fit justice des considérations présentées à l'appui de la demande du crédit ; il nia l'utilité de la guerre, et en fit ressortir les inconvénients par la déperdition des fonds publics et les haines internationales qu'elle allait engendrer. Il s'exprimait ainsi, sur le compte de Ferdinand : « Ferdinand n'a rien promis, mais en revanche, il a des vengeances terribles à exercer; son gouvernement était atroce.... Vous voulez sauver les jours de Ferdinand? Eh bien! Ne renouvelez pas les mêmes circonstances qui ont trainé à l'échafaud ceux qui en ce moment vous inspirent un si vif intérêt.

«Avez-vous oublié que c'est parce que les Stuarts avaient un grand appui dans l'étranger, qu'ils ont été renversés de leur trône ? avez-vous oublié que c'est parce que les puissances étrangères étaient venus en France, que Louis XVI a été précipité?

» Ai-je besoin de dire que le moment où les dangers de la famille royale sont devenus plus graves, c'est lorsque la France, la France révolutionnaire, a senti qu'elle avait besoin de se défendre par une forme nouvelle, par une énergie toute nouvelle? »

A ces derniers mots, le désordre éclata dans la salle ; les exaltés se levèrent de leurs bancs, et menacèrent l'orateur. On força le président à le rappeler à l'ordre ; l'agitation devint extrême, la séance fut suspendue.

A la reprise : M. Forbin des Issarts s'élança à la tribune et demanda l'expulsion de Manuel, qui, au millieu de ces scènes déplorables, conservait sa dignité. Fort de sa conscience, il assistait impassible et le dédain sur les lèvres à ce triste spectacle.

Aux séances suivantes, M. de Labourdonnaye, sur un ton homélique et avec des larmes factices, osa dire à l'Assemblée : « Vous éloignerez de la tribune, celui qui n'y ayant été appelé que sur la foi du serment, d'être loyal et fidèle député, et d'obéir aux lois du royaume, n'y monta jamais que pour les attaquer et les rendre odieuses. »

Manuel, Messieurs, ne fut pas abandonné dans ces graves circonstances. Ses généreux amis firent éclater leur indignation ; ils rappelèrent les séances de cette Assemblée qui inspirait tant d'horreur à cette majorité, et qui, en se mutilant elle-même, montrait assez le sort qu'elle réservait à la France. Cette Assemblée aussi interprétait les phrases pour punir les hommes.

Manuel put enfin se faire entendre ; il fut grand et noble pendant toute la durée de ces tristes débats. Il répondait en ces termes aux attaques violentes de ses ennemis politiques : « Je ne monte pas à cette tribune dans l'espoir ni dans le désir de conjurer l'orage qu'il gronde sur ma tête ; je viens seulement pour constater, autant qu'il dépendra de moi, par quelques réflexions, que la mesure qu'on vous propose est un acte de tyrannie que je n'ai provoqué en aucune façon. » Sur le sens des mots qui avait soulevé l'orage des exaltés, il disait : « Savez-vous ce qu'a écrit un ministre du Roi sur la mort de Louis XVI, à qui on reprochait d'avoir prêché le régicide ? « Une telle catastrophe ne peut être oubliée, si ce n'est qu'il faille s'en souvenir pour prévenir des catastrophes semblables. Comme OEdipe, Louis XVI a disparu au milieu d'une tempête. » Eh bien ! Messieurs, c'est contre cette tempête que je m'élevais dans la séance d'hier. C'était pour qu'on ne la fît pas renaître que je prenais la parole ; je venais manifester le désir qu'on épargnât à l'Espagne des malheurs semblables à ceux qui avaient ensanglanté l'Angleterre et la France. »

Ces loyales explications auraient dû calmer l'irritation de la majorité ; il n'en fut pas ainsi : l'heure de la vengeance était arrivée. Pour justifier une mesure inique, la majorité déguisait ses propres sentiments; elle feignait d'être irritée par les paroles de Manuel qu'elle accablait d'invectives... Point de factieux! Qu'on le fasse descendre, s'écriait la majorité, s'il paraissait à la tribune. Plus l'exaltation grandissait au sein de la chambre, plus la parole de Manuel était grande et solennelle; il dominait du regard ces tribuns fanatiques qui avaient proscrit l'urbanité parlementaire. Il opposait sa vie toute entière aux reproches qu'on lui adressait; il s'était montré souvent chaleureux contre le parti qu'il était appelé à combattre, c'était là tout son crime! Il avait conscience de sa situation; il prévoyait la décision qui allait intervenir. En présence de l'implacable détermination de ses détracteurs, il leur montrait sa résignation en ces termes : « Vous voulez me repousser de cette tribune, que justice, que justice soit faite; je sais qu'il faut que ce qui s'est fait autrefois, se fasse aujourd'hui, parce que les mêmes éléments se trouvent prêts. Je serai la première victime, puisse-je être la dernière! mais je le déclare, si je pouvais être animé de quelque désir de vengeance, victime de vos fureurs, je confierais à vos fureurs le soin de me venger. » Certes, sa vengeance eût été bien satisfaite, s'il eût eu dans ses rangs d'aussi zélés serviteurs. Rien ne put contenir leur injuste colère; ils bravèrent le jugement de la postérité. Aujourd'hui, Messieurs, nous pouvons apprécier un fait isolé dans nos annales parlementaires; dans les temps révolutionnaires, des actes de barbarie furent commis, des têtes chères à la patrie roulèrent sur l'échafaud: mais alors le pays était en danger, l'ennemi était à nos portes, et cinq ans de luttes faisaient délirer les esprits. Pour Manuel, il n'en fut pas ainsi; il fallait débarrasser la tribune d'un rude et courageux logicien qui signalait les tendances des rétrogrades.

Le parti libéral fit un dernier effort pour convaincre l'inflexible majorité : il fit un appel à son intelligence, il lui démontra qu'elle allait flétrir un homme sans en avoir le droit, sans pouvoir invoquer une loi, un précédent; et que l'exclusion d'un membre de la chambre équivalait à une interdiction civique et à une peine infamante.

Vaines paroles, inutiles secours! Le sort en était jeté; on

avait juré l'extermination d'un parti, dont cinq membres avaient échappé aux intrigues gouvernementales. Rien n'était épargné au-dehors pour le triomphe de la cause royaliste : l'intimidation, les récompenses, les destitutions.

M. de Saint-Aulaire signalait ces abus, à l'occasion de Manuel. D'outrageantes interruptions arrachèrent de sa bouche ces paroles étrangères à son exquise politesse : « Messieurs, je fais tous mes efforts pour ne m'écarter jamais à cette tribune des formes parlementaires, mais je suis tout disposé à les quitter envers quiconque voudra me parler *bas et de près.* »

C'est ainsi, Messieurs, que se dévoilaient les dispositions des royalistes; leur intolérance éclatait à chaque instant; leurs coupables intentions surgissaient malgré eux. Fiers de leur puissance parlementaire, ils franchissaient tous les obstacles sans voir l'abîme qui était sous leurs pas. Tous ceux qui avaient le courage de leur résister, étaient mis au ban de la nation, comme ennemis dangereux de la société. Celui dont je vous raconte la vie, dut l'initiative d'une flétrissure glorieuse pour lui, à sa foi politique, à l'énergie de ses convictions et à la grandeur de son talent.

L'heure du dénouement approchait; Manuel put se faire entendre une dernière fois. Tout espoir était perdu; la majorité frémissait d'impatience sur ses bancs : c'est à peine si elle daignait accorder la parole à la victime qui allait tomber sous ses coups. Manuel, profitant du calme un instant rétabli, se dirigea vers la tribune et prononça ces dernières paroles qui furent le chant du cigne. Permettez-moi de vous les rappeler en entier : « Je déclare que je ne reconnais à personne le droit de m'accuser, ni de me juger; je cherche ici des juges, je n'y trouve que des accusateurs. Je n'attends pas un acte de justice; c'est à un acte de vengeance que je me résigne.

»Arrivé dans cette chambre par la volonté de ceux qui avaient le droit de m'y envoyer, je ne dois en sortir que par la violence de ceux qui veulent s'arroger le droit de m'en exclure.»
Des cris semblables à ceux-ci se faisaient entendre : Met-

tez-le en pièces. Le silence rétabli, il reprit ainsi : « Et si cette résolution de ma part doit appeler sur ma tête le plus grand danger, je me dis que le champ de la liberté a été quelquefois fécondé par un sang généreux. »

Quelle indépendance ! Quelle dignité ! Plus le moment du danger approchait, plus la parole de Manuel devenait majestueuse; autant ses adversaires politiques s'étaient montrés violents à son égard, autant il s'était montré grand dans la discussion. Il ne descendit jamais à une justification sur la conduite qu'il avait tenue dans le cours de sa vie politique. A peine l'orage s'était-il formé sur sa tête, qu'il prévit le coup de foudre; sa haute raison ne l'abandonna jamais; elle fut toujours son guide dans les débats parlementaires et dans ceux qui le concernaient personnellement.

L'expulsion fut prononcée à une immense majorité. Manuel tint parole; il reparut à la chambre le lendemain de cette fatale décision; il voulut faire respecter le mandat qu'il avait reçu de ses électeurs. Dès son apparition à la chambre, des protestations se firent entendre; la séance fut suspendue.... On ne tarda pas à lire un ordre du président qui enjoignait aux officiers de la force publique d'empêcher Manuel de rentrer dans la chambre pendant la durée de la session. Lorsque l'huissier se présenta, Manuel répondit : « L'ordre dont vous êtes porteur est illégal, je n'y obtempèrerai pas. » Aux menaces de la force publique, Manuel répondait encore : « J'ai annoncé que je ne je céderai qu'à la violence ; je persiste dans cette résolution. » On eut recours à l'officier du poste; le sergent Mercier refusa d'obéir ; la gendarmerie intervint, il résistait encore. Empoignez-le ! s'écria-t-on.... Cet ordre brutal allait être exécuté. Aussitôt il se leva et dit avec dignité à l'officier le plus voisin : « Cela me suffit, Monsieur. » Et il quitta cette assemblée où sa voix avait soulevé tant de tempêtes; il fut suivi de tous ses amis qui pleurèrent longtemps l'exil d'un grand citoyen.

De graves réflexions naissent dans les esprits, en examinant les faits que je viens de raconter ; la raison se refuse à les expliquer. La France avait subi un règne de despotisme glorieux;

plus tard, on lui avait imposé un Roi qui devait lui rendre ses libertés, et cependant on marchait vers un nouveau despotisme plus pénible, puisqu'il n'avait pour prestige ni la gloire, ni les conquêtes.

Cette partie de la société française qui avait toujours arboré le drapeau de la modération dans les temps révolutionnaires, semait des dissensions pour effrayer la royauté et pour profiter de ses faiblesses.

Cette ligne politique a conduit notre patrie à des malheurs ; les prédictions de Manuel se sont réalisées. Il avait pourtant disparu de sur la scène politique. Sa présence ne précipita pas la chute de ses ennemis : le royalisme exagéré l'avait frappé mortellement, le royalisme lui-même tomba bientôt après. Manuel s'était dévoué pour la cause de la liberté, il mourut satisfait ; pouvait-il en être de même de ses ennemis ? Non, Messieurs.... Le remords devait être leur partage, car ils devaient compte à la France d'un de ses plus chers citoyens.

Manuel, Messieurs, appartenait à une école où l'intolérance politique ne fut jamais admise ; il combattait au grand jour, le front haut, la poitrine découverte. Il est des hommes, au contraire, qui critiquent sans cesse ; leur plume est acerbe, inquiète, triste et nuageuse. L'avenir est toujours sombre, l'abîme est toujours ouvert lorsque d'autres gouvernent ; qu'ils deviennent parties actives, ils ne demandent que tolérance, ils se plient à toutes les éventualités. Il en est aussi qui nous censurent et qui deviennent démolisseurs ; d'autres qui crient à l'universalité pour tout, qui se plaignent du peu d'étendue d'une limite qu'on leur fixe, et qui après avoir obtenu un parcours illimité, s'arrêtent avant d'atteindre leur but. Ces hommes ne sont pas sincères ; Manuel reniait de semblables principes, il acceptait sans arrière-pensée les bases constitutionnelles de son époque. Au temps où il vivait, la France voulait qu'un vaste horizon se déroulât devant elle ; elle désirait profiter des conquêtes rationnelles de la Révolution. On l'arrêta dans sa marche progressive ; Manuel en signala les graves dangers : il étayait de ses conseils l'édifice royal, on l'arrêta aussi dans sa sainte mission. Sa vie politique fut un grand dévoûment à la cause du peuple ; il vécut pauvre et de travail ; l'ambition ne le dirigea jamais : il dédaignait ces orateurs qui n'ont que le sentiment de leur individualité, qui affectent du patriotisme en songeant à leurs intérêts personnels. Rendons hommage à sa mémoire ; il mourut pour le triomphe des libertés publiques ; nous lui devons une éternelle reconnaissance.

L'exemple de son dévoûment mérite un souvenir dans des temps d'épreuves politiques. Une ère nouvelle vient de s'ouvrir pour la France : sachons profiter des grands enseignements historiques.

Il faut croire, Messieurs, que nous n'aurons plus à déplorer les tristes conséquences des passions politiques, et que notre patrie, reine de la civilisation, saura réaliser le progrès sans péril pour ses enfants, et que notre devise républicaine ne sera plus un vain mot. Le jour n'est pas éloigné où la fraternité régnera non-seulement entre citoyens, mais encore entre nationalités. Nous n'aurons plus à faire des guerres injustes comme celle de 1823, qui avait attiré en Espagne des Français appartenant à diverses nuances politiques. Plusieurs s'associèrent aux idées libérales des cortès pour combattre Ferdinand protégé par l'armée française. Lorsque celle-ci apparut sur le sol espagnol pour secourir le roi déchu de son ancienne puissance, les transfuges français élevèrent le drapeau tricolore au-devant des soldats pour raviver les idées impérialistes ou des sentiments patriotiques ; d'autres cherchèrent à les embaucher pour les ranger sous leur bannière insurrectionnelle.

Carrel, le grand publiciste, jeune alors, se précipita hardiment dans ce mouvement tout politique, qui n'eut que de tristes résultats. L'armée espagnole s'empara des révoltés, et les livra, contrairement à toutes les règles de la loyauté militaire, à la justice française. Un procès mémorable s'en suivit devant notre cour d'assises. Certains de ceux qui m'entendent doivent se rappeler avec bonheur une époque de triomphe oratoire pour le barreau toulousain. Nos confrères d'alors ont encore profondément gravé dans leur mémoire les passages brillants des plaidoiries d'une des gloires de notre barreau, mort naguère en voulant défendre l'honneur d'un de ses amis, M. Romiguières; il fut l'ami de Manuel. Tous deux, enfants du Midi, imbus des mêmes idées libérales, fraternisèrent bientôt à la chambre des représentants; ils combattirent ensemble les exigences de la coalition.

Les transfuges recouvrèrent la liberté, grâces aux secours généreux de leur défenseur. L'un d'eux brille encore dans nos rangs par l'éclat d'un talent dont il donna des preuves dans cette grande affaire.

Soyons fiers d'avoir sous nos yeux de pareils exemples de dévoûment; nous devons un tribut de reconnaissance à ceux qui nous donnent de semblables enseignements.

Manuel, retiré de la vie publique, reprit ses travaux de jurisconsulte; il attendit que le pays fût juge de sa conduite et de celle de la chambre à son égard; il comptait sur l'indépendance de ses électeurs. Vaine illusion! la main corruptrice du pouvoir s'était appesantie sur le collège qui devait l'élire. L'expulsion de la chambre avait engendré dans son âme un sentiment de profond mépris. L'ingratitude de ses commettants fut douloureuse pour lui. Son ami, Benjamin Constant, eut le même sort; ils déplorèrent les conséquences funestes que produisait l'acharnement du pouvoir à comprimer toutes les libertés publiques. Dévoués aux intérêts de la société, nulle pensée personnelle n'agitait leur esprit. Pénétrés qu'ils étaient d'avoir bien rempli leur mandat, ils ne pouvaient que plaindre l'égarement de leurs électeurs, juges inintelligents de leur conduite.

Manuel était lié d'amitié avec M. de Lafayette; il supportait avec peine cet atmosphère de despotisme qui pesait de tout son poids sur la France; il voulait respirer un air libre.

Les souvenirs de M. de Lafayette le reportèrent vers une terre lointaine, où il avait jadis combattu pour fonder un Etat indépendant, où la liberté règne sans émotion populaire, chez un peuple doué de grandes et belles institutions nationales qu'il respecte et qu'il n'ébranlera jamais.

C'est un grand exemple, Messieurs, que de voir un peuple

arrivé à la civilisation depuis soixante ans, servir de modèle à un autre peuple créateur de sa nationalité, et qui a versé son sang pour le délivrer d'un joug oppresseur.

C'est dans le Nouveau-Monde que la liberté a jeté ses plus fortes racines, et c'est là qu'on la vénère le plus. Les luttes sanglantes sont proscrites! la raison seule guide cette nation, et elle sert d'enseignement à ses propres fondateurs. Son génie organisateur n'est pas peut-être aussi grand que le nôtre, mais il est moins mobile et par cela plus durable. La stabilité des convictions règne dans ses contrées; chez nous, elle n'est qu'illusoire. L'ambition est moins implantée que dans notre patrie; et pendant que le commerce et l'industrie augmentent chez ce grand peuple, nous nous vouons à des utopies désorganisatrices et anti-sociales. Pendant qu'en France on attaque la propriété, on recherche la prospérité aux États-Unis par le travail et l'esprit mercantile. Les éléments intellectuels sont bien différents sans doute, mais la raison d'être existe partout.

Manuel voulut aussi aller étudier les mœurs de ce pays; il alla partager les ovations populaires de M. de Lafayette, pour perdre de vue l'ingratitude de sa patrie. C'était un triste spectacle que de voir un grand citoyen fuir sa terre natale pour oublier les malheurs et les déceptions que son amour pour elle lui avait fait éprouver. Son âme affligée crut trouver une consolation dans un exil volontaire. Son cœur fut enthousiasmé en examinant le progrès des institutions libérales sur une terre presque vierge. A peine de retour en France, il devint sombre et rêveur. Son caractère ferme le résignait au sort qui lui était fatalement réservé. Cette lutte intérieure fut de courte durée. Le repos c'était la mort pour Manuel. Né pour les grandes luttes parlementaires, orateur d'inspiration, avocat célèbre, il se voyait proscrit des lieux de ses triomphes. Sa carrière était brisée, il ne pouvait survivre! Une maladie de langueur le conduisit au tombeau, le 20 août 1827. Sa mort fut un événement en France. Le peuple se souvint des persécutions que Manuel avait éprouvées. Il y eut de l'effervescence. L'indignation et la douleur dominaient tous les citoyens. Trois cent mille accompagnaient sa dépouille mortelle à la dernière demeure. Le pouvoir fut alarmé. La parole de Manuel ne retentissait plus, et son corps inanimé faisait encore ombrage à ses persécuteurs..... S'il a été sacrifié aux vengeances d'un parti fanatique, ce fut un malheur pour la France; pour lui, ce fut le chemin de l'immortalité.

www.ingramcontent.com/pod-product-compliance
Lightning Source LLC
Chambersburg PA
CBHW060516050426
42451CB00009B/1016